MINES INEXPLOITÉES

RETRAIT DES CONCESSIONS

OBSERVATIONS JURIDIQUES

À PROPOS D'UNE CIRCULAIRE DU MINISTRE DES TRAVAUX PUBLICS

EN DATE DU 10 FÉVRIER 1877

RELATIVE AU RETRAIT DES CONCESSIONS DES MINES

DONT L'EXPLOITATION EST RESTREINTE OU SUSPENDUE

PAR

Gabriel AGUILLON

AVOCAT AU CONSEIL D'ÉTAT ET A LA COUR DE CASSATION

PARIS

DUNOD, ÉDITEUR

LIBRAIRE DES CORPS DES PONTS ET CHAUSSÉES, DES MINES ET DES TÉLÉGRAPHES

49. QUAI DES AUGUSTINS, 49

1877

MINES INEXPLOITÉES

RETRAIT DES CONCESSIONS

Cette brochure n'a été tirée qu'à deux cents exemplaires.

MINES INEXPLOITÉES

RETRAIT DES CONCESSIONS

OBSERVATIONS JURIDIQUES

A PROPOS D'UNE CIRCULAIRE DU MINISTRE DES TRAVAUX PUBLICS
EN DATE DU 10 FÉVRIER 1877
RELATIVE AU RETRAIT DES CONCESSIONS DES MINES
DONT L'EXPLOITATION EST RESTREINTE OU SUSPENDUE

PAR

Gabriel AGUILLON

AVOCAT AU CONSEIL D'ÉTAT ET A LA COUR DE CASSATION

PARIS

DUNOD, ÉDITEUR

LIBRAIRE DES CORPS DES PONTS ET CHAUSSÉES, DES MINES ET DES TÉLÉGRAPHES

49, QUAI DES AUGUSTINS, 49

—

1877

MINES INEXPLOITÉES. — RETRAIT DES CONCESSIONS

OBSERVATIONS JURIDIQUES A PROPOS D'UNE CIRCULAIRE
DU MINISTRE DES TRAVAUX PUBLICS
AUX PRÉFETS, EN DATE DU 10 FÉVRIER 1877, RELATIVES AUX MINES
NON EXPLOITÉES.

Le ministre des travaux publics, par une circulaire du 10 février 1877, a invité les préfets à
mettre en demeure les propriétaires de mines
non exploitées d'opérer la reprise sérieuse de
leur exploitation dans le délai de deux mois.

« Quant aux concessions dont les propriétaires,
« ajoute la circulaire, ne répondront pas à la
« mise en demeure ou ayant répondu et promis
« de se mettre sérieusement à l'œuvre, semble-
« ront ne pas vouloir tenir sérieusement leurs
« promesses, mon intention est de prononcer im-
« médiatement le retrait, ainsi que m'en donne
« le droit l'article 10 de la loi de 1838. »

Les mesures de rigueur annoncées dans cette

circulaire, et que jusqu'ici l'administration avait cru plus sage de ne pas invoquer, ont ému à juste titre un grand nombre de propriétaires de mines qui se sont trouvés jusqu'à présent, à leur grand regret, dans l'impossibilité de soumettre leurs concessions à une exploitation régulière.

Par suite, on nous a demandé de retracer les questions de droit et de procédure qui se rapportent au retrait des concessions de mines inexploitées.

Tel est l'objet des observations qui vont suivre.

En premier lieu, nous devons rappeler le texte même de la circulaire du 10 février 1877, qui a été insérée au *Journal officiel* du 3 mars 1877.

Voici la reproduction textuelle de ce document :

Versailles, le 10 février 1877.

« Monsieur le préfet, l'article K du modèle des « clauses à insérer dans les projets d'acte de « concession de mines (8 octobre 1843) est ainsi « conçu :

« Dans le cas, prévu par l'article 49 de la loi « du 21 avril 1810, où l'exploitation serait res-« treinte ou suspendue sans cause reconnue légi-

« time, le préfet assignera au concessionnaire un
« délai de rigueur, qui ne pourra excéder. . . .
« Faute par le concessionnaire de justifier, dans
« ce délai, de la reprise d'une exploitation régu-
« lière et des moyens de la continuer, il en sera
« rendu compte, conformément audit article 49,
« au ministre des travaux publics, qui pronon-
« cera, s'il y a lieu, le retrait de la concession,
« en exécution de l'article 10 de la loi du 27 avril
« 1838 et suivant les formes prescrites par l'ar-
« ticle 6 de la même loi. »

« Tous les actes de concession postérieurs à
« 1843, à 1838 même, contiennent cette clause,
« dont l'importance ne vous échappera pas et
« dont il s'agit d'assurer la stricte exécution.
« Quant aux actes de concession qui ne contien-
« draient pas quelque clause analogue, vous de-
« vriez procéder semblablement, attendu qu'elle
« ne fait, en définitive, que rappeler les articles
« 49 de la loi de 1810, et 10 de celle de 1838,
« dont les prescriptions sont nécessairement en
« vigueur, qu'elles soient ou non mentionnées
« dans l'acte de concession.

« L'état actuel des choses est l'objet de récla-
« mations incessantes de membres du Sénat ou
« de la Chambre des députés, de conseils géné-

« raux de département, de préfets, d'ingénieurs
« des mines, d'industriels; il convient de ne point
« éluder la difficulté que présente cette question
« délicate des mines non exploitées. Le nombre
« total n'en est pas moindre de 717 sur 1,216,
« d'après le dernier travail des redevances, et
« votre département figure dans cette statistique
« pour   , savoir :

Combustibles minéraux . . . .
Fer. . . . .
Métaux autres que le fer. . . . .
Substances diverses. . . . .
                  Total égal. . . .

« Vous voudrez bien, aussitôt après la récep-
« tion de cette dépêche, assigner à tous les pro-
« priétaires de mines auxquels je fais allusion un
« délai de deux mois pour opérer la reprise sé-
« rieuse de leur exploitation.

« Vous me rendrez compte, à l'expiration de
« ce délai de rigueur, des modifications que cette
« mise en demeure aura, suivant les ingénieurs
« des mines, apportées à la situation des choses
« dans votre département. D'ailleurs, au fur et
« à mesure que des observations seront présen-
« tées par des concessionnaires de mines aban-
« données, vous me les transmettrez, avec les

« rapports des ingénieurs et votre avis, et je sta-
« tuerai ce qu'il appartiendra, après avoir con-
« sulté le conseil général des mines.

« Quant aux concessions dont les propriétaires
« ne répondront pas à la mise en demeure ou,
« ayant répondu et promis de se mettre sérieuse-
« ment à l'œuvre, sembleront ne pas vouloir te-
« nir sérieusement leurs promesses, mon inten-
« tion est de prononcer immédiatement le retrait,
« ainsi que m'en donne le droit l'article 10 de la
« loi de 1838. Pour ces concessions donc, mon-
« sieur le préfet, vous recevrez promptement la
« décision que vous avez, aux termes de l'article 6,
« à notifier aux concessionnaires déchus, à pu-
« blier et afficher. Puis, à l'expiration des délais
« de recours ou, en cas de recours, après la noti-
« fication de l'arrêt confirmatif de ma décision
« par le conseil d'État siégeant au contentieux,
« il sera procédé publiquement, par voie adminis-
« trative, à l'adjudication de la mine abandonnée.

« Sans doute, l'instruction administrative du
« 27 décembre 1838 recommandait de n'user
« qu'avec une grande réserve de la faculté de
« poursuivre la déchéance pour cause d'inexploi-
« tation, des circonstances indépendantes du con-
« cessionnaire (revers de fortune, procès, affaires

« de famille, quand une succession vient à s'ou-
« vrir), pouvant occasionner des interruptions
« dans les travaux.

« Mais trente-huit ans se sont écoulés depuis
« lors et l'expérience a montré que ces circon-
« stances, dont l'administration doit évidemment
« tenir compte, sont très-rares; que les difficultés
« de l'exploitation ou le manque de débouchés
« sont le plus ordinairement donnés comme pré-
« texte d'une inaction absolument contraire au
« but que s'étaient proposé les législateurs de
« 1810 et de 1838, ainsi qu'aux conséquences à
« tirer du développement et du perfectionnement
« qu'ont reçus, postérieurement à la deuxième de
« ces dates, nos voies de communication.

« A coup sûr, lorsqu'un demandeur en conces-
« sion de mines se présente, s'il annonçait son
« intention de ne pas procéder immédiatement à
« la mise en valeur de la propriété nouvelle, le
« gouvernement se garderait bien de l'instituer.
« D'où vient que, maintes fois, le concessionnaire
« investi ne se mette point à l'œuvre? Est-il ad-
« missible que, en pareille occurrence, le gouver-
« nement puisse consentir, sans inconvénients, à
« user d'une tolérance que rien ne justifierait? Ce
« n'est certainement là qu'un des points de vue

« nombreux auxquels doit être envisagée la ques-
« tion et que ce n'est pas le lieu d'examiner ; mais
« il est difficile de regarder comme normale une
« situation telle que la dépeignait partiellement,
« en 1872, la commission de l'Assemblée natio-
« nale chargée de procéder à une enquête parle-
« mentaire sur l'état de l'industrie houillère en
« France : pour les combustibles minéraux seu-
« lement, sur 612 concessions instituées, 277,
« soit 45 p. 100, n'étaient point exploitées. Cette
« commission insistait pour que l'administration
« des mines appliquât avec fermeté les disposi-
« tions que la loi a mises dans ses mains. La fer-
« meté n'exclut pas la prudence, indispensable
« en une matière aussi délicate et complexe.

« En m'accusant réception de la présente dé-
« pêche, dont j'adresse ampliation aux ingé-
« nieurs, je vous serai obligé, monsieur le préfet,
« de me faire connaître si la statistique des con-
« cessions inexploitées de votre département est
« bien telle que je l'ai indiquée plus haut.

« Recevez, monsieur le préfet, l'assurance de
« ma considération la plus distinguée. »

Le ministre des travaux publics,

A. CHRISTOPHLE.

Ainsi, c'est en premier lieu l'article K du modèle des clauses à insérer dans les projets d'acte de concessions de mines que le ministre des travaux publics invoque pour justifier son droit de prononcer immédiatement le retrait d'une concession dont l'exploitation serait restreinte ou suspendue.

On se demande pourquoi la circulaire ministérielle met en première ligne cette clause qui ne se rencontre que dans les actes de concession postérieurs à 1843.

Il est difficile, en effet, d'en trouver la raison précise lorsqu'on remarque que la clause en question se borne à énoncer que l'article 49 de la loi de 1810 recevra son application dans les cas prévus par cet article.

L'article K n'est donc qu'une simple référence à l'article 49 de la loi de 1810, référence sans grande portée, car lors même que l'acte de concession ne contiendrait aucune mention à cet égard, l'article 49 n'en devrait pas moins recevoir son application dans les cas spéciaux prévus par la loi de 1810.

Nous n'avons donc rien à dire de l'article K du modèle des clauses à insérer dans les actes de concession de mines, et il nous suffit en réa-

lité d'examiner le sens et la portée de l'article
49 de la loi du 21 avril 1810.

Rappelons le texte de cet article :

« Art. 49. Si l'exploitation est restreinte ou
« suspendue, de manière à inquiéter la sûreté
« publique ou les besoins des consommateurs,
« les préfets, après avoir entendu les propriétai-
« res, en rendront compte au ministre de l'inté-
« rieur, pour y être pourvu ainsi qu'il appar-
« tiendra. »

L'article 49 est compris dans le titre V de la
loi intitulé : *De l'exercice de la surveillance sur les
mines par l'Administration.*

Voici en quels termes, dans l'exposé des motifs
de la loi des mines par le comte de Regnaud de
Saint-Jean-d'Angély, il est traité des dispositions
prévues par l'article 49 :

« Les ingénieurs des mines, dit cet exposé,
« éclaireront les propriétaires et l'administration,
« ils rechercheront les faits, les constateront et
« ne statueront jamais.

« Ce droit est réservé *aux tribunaux ou à l'ad-
« ministration.*

« Il est réservé *aux tribunaux*, dans tous les

« cas de contravention aux lois : eux seuls peu-
« vent prononcer des condamnations ; et cette
« garantie, messieurs, doit être d'un grand prix à
« vos yeux.

« Ce droit est réservé à l'*administration* si la
« sûreté publique est compromise, ou si les
« exploitations restreintes, mal dirigées, suspen-
« dues, laissent des craintes sur les besoins des
« consommateurs.

« En ce cas la concession jadis était révoquée.
« Un tel système est incompatible avec celui de la
« propriété des mines.

« Il y sera pourvu, s'il se présente, sur le rap-
« port du ministre de l'intérieur, comme aux cas
« extraordinaires et inhabituels que la législation
« ne peut prévoir.

« Et si ultérieurement, le besoin d'une règle
« générale se fait sentir, elle ne sera établie qu'a-
« près que l'expérience aura répandu sa lumière
« infaillible sur cette question, fort difficile à
« résoudre, de savoir comment on peut conci-
« lier le droit d'un citoyen sur sa propriété avec
« l'intérêt de tous. »

A son tour, dans le rapport sur la loi des
mines fait au Corps législatif, M. le comte Sta-

nislas de Girardin s'exprimait en ces termes sur
le titre V :

« Les mines n'étant pas et ne pouvant pas
« être considérées comme des propriétés ordi-
« naires, devaient être assujetties à des règles
« particulières, et soumises à une surveillance
« de la part de l'administration. La manière dont
« elle doit être exercée est fixée par le titre V.

« Les dispositions que ce titre renferme ont
« paru à votre commission être en harmonie avec
« tous les principes consacrés dans le projet.

« En général (ce sont les paroles d'un sage
« et vertueux magistrat), les hommes sont assez
« clairvoyants sur ce qui les touche. On peut se
« reposer sur l'énergie de l'intérêt personnel du
« soin de veiller sur la bonne culture. La liberté,
« laissée aux cultivateurs et aux propriétaires,
« fait de grands biens et de petits maux. L'intérêt
« public est en sûreté quand, au lieu d'avoir un
« ennemi, il n'a qu'un garant dans l'intérêt
« privé. »

Ceci rappelé, il nous est permis maintenant de
préciser le sens et la portée de l'article 49.

Cet article donne au ministre de l'intérieur le

droit de prendre les mesures nécessaires, après instruction préalable auprès des propriétaires faite par les préfets, lorsque l'exploitation d'une mine est restreinte ou suspendue.

Mais qu'on le remarque, ce droit de surveillance et de police n'appartient pas au ministre toutes les fois que l'exploitation d'une mine est restreinte ou suspendue.

Il ne lui appartient que dans deux cas limitativement précisés par l'article 49 « : si l'exploitation « est restreinte ou suspendue de manière à *inquié-* « *ter* la sûreté publique ou les besoins des con- « sommateurs. »

Dès lors, si la sûreté publique ou les besoins des consommateurs ne sont pas atteints, la restriction ou la suspension de l'exploitation n'ouvrent pas au ministre le droit d'intervenir.

Par sûreté publique, il faut entendre évidemment la sûreté des ouvriers et celle du sol.

Quant aux cas où les besoins de la consommation seraient mis en péril par la restriction ou la suspension d'une exploitation minière, nous avouons que dans les conditions économiques actuelles il nous paraît bien difficile d'en trouver des exemples.

Ainsi, en résumé, deux cas seulement où le

ministre peut intervenir, lorsque l'exploitation est restreinte ou suspendue de manière à inquiéter : 1° la sûreté publique ; 2° les besoins des consommateurs.

Hors de là, la restriction ou la suspension de l'exploitation sont licites.

Mais, même dans ces deux cas, un point qui est hors de doute, d'après les termes mêmes de l'exposé des motifs de la loi de 1810, c'est que le ministre de l'intérieur ne pouvait jamais prononcer le retrait de la concession.

« Un tel système, en effet, comme le disait le « comte Regnaud de Saint-Jean-d'Angély, dans « l'exposé des motifs de la loi, aurait été incom- « patible avec celui de la propriété des mines. »

Il faut, pour compléter l'article 49, faire connaître encore ce qui est dit dans les articles 30 et 31 du décret du 18 novembre 1810, contenant l'organisation du corps impérial des ingénieurs des mines :

« Art. 30. Si une exploitation est conduite de « manière à compromettre la sûreté publique, la « conservation des travaux intérieurs, la sûreté « des ouvriers ou celle des habitations à la sur- « face, ils (les ingénieurs des mines) en feront

2

« rapport au préfet, et proposeront les moyens de
« prévenir les accidents qui pourraient en résul-
« ter, ou d'y remédier ; ils donneront avis de ces
« procès-verbaux et rapports à l'ingénieur en
« chef. »

« Article 31. Lorsqu'une exploitation sera res-
« treinte ou suspendue de manière à ne pouvoir
« plus satisfaire aux besoins des consommateurs,
« ils (les ingénieurs des mines) feront leur rapport
« à ce sujet, pour qu'il soit pris des mesures par
« l'autorité administrative ou l'autorité judiciaire
« suivant l'exigence des cas. »

Il est donc bien certain et reconnu universelle-
ment que, jusqu'à la loi du 27 avril 1838, la
sanction de l'article 49 ne pouvait jamais s'étendre jusqu'au retrait de la concession.

Mais, vers l'année 1828 environ, un fait très-
grave se produisit dans l'intérieur du bassin
houiller de Rive-de-Gier.

Une inondation souterraine s'étendant de proche en proche avait amené successivement
l'abandon de la plus grande partie des mines que
renfermait ce bassin.

C'était là une catastrophe qui portait atteinte
à l'intérêt général en menaçant d'arrêter le dé-

veloppement de l'industrie manufacturière ali-
mentée par les houilles de la Loire.

Une commission d'ingénieurs fut chargée de
rédiger un projet général d'asséchement des
mines envahies, et ce travail fut terminé dès
1833.

Mais il rencontra l'opposition d'un certain
nombre de concessionnaires qui se montraient
disposés à penser que des efforts isolés suffi-
raient à enrayer les progrès de l'inondation.

Dès 1834, la marche progressive du mal sem-
bla donner un démenti formel à ces espérances.

Le gouvernement ne pensa pas que les dispositions du titre V de la loi du 21 avril 1810, et
notamment celles de l'article 49, fussent suffisantes pour lui permettre de remédier à la gra-
vité de la situation.

C'est alors qu'il présenta en 1837 le projet de
loi, devenu la loi du 27 avril 1838, dont le but
essentiel, lorsque plusieurs mines situées dans
des concessions différentes sont atteintes ou menacées d'une inondation commune de nature à
compromettre leur existence, la sûreté publique
ou les besoins des consommateurs, est de permettre au gouvernement d'obliger les concessionnaires de ces mines à exécuter en commun

et à leurs frais les travaux nécessaires soit pour
assécher tout ou partie des mines inondées, soit
pour arrêter les progrès de l'inondation.

La commission de la Chambre des pairs mo-
difia la rédaction du projet du gouvernement
en permettant de prononcer la dépossession de
la mine contre le concessionnaire qui ne vou-
drait pas participer aux frais des travaux d'asséchement

Cette sanction énergique, qui a été insérée
dans la loi de 1838, rencontra dans la Chambre
des pairs une vive opposition.

On faisait remarquer que la propriété des mines étant, aux termes de l'article 7 de la loi de
1810, une propriété perpétuelle, disponible et
transmissible comme tous les autres biens, le
concessionnaire ne pouvait pas s'en trouver dé-
pouillé par une simple mesure administrative,
telle que le retrait prononcé par une décision
ministérielle.

Cependant, en présence des intérêts publics si
gravement atteints qu'il s'agissait de sauvegar-
der et sous la pression d'un danger imminent,
la Chambre des pairs finit par admettre, contrairement à ce qui avait été décidé par la loi
de 1810, qu'une simple décision ministérielle

pourrait prononcer le retrait d'une concession de mines.

En effet, de la discussion à la Chambre des pairs et à la Chambre des députés il était ressorti d'une manière évidente la preuve que, sous l'empire de la loi de 1810, la dépossession d'une concession n'aurait jamais pu être prononcée, à moins d'une déclaration d'expropriation pour cause d'utilité publique.

Ce principe de la perpétuité de la propriété d'une mine concédée faisait si peu de doute aux yeux du législateur de 1838, que celui-ci, tout en autorisant le retrait d'une concession par mesure administrative, a pris soin de déclarer que la concession retirée serait mise en adjudication pour le prix en être attribué au concessionnaire déchu ou à ses ayants droit. Or, si le législateur de 1838 eût été logique avec le principe qu'il introduisait dans la loi française, la concession retirée aurait dû faire retour purement et simplement aux mains de l'État. Mais on n'a pas osé aller jusque-là !

Le retrait d'une concession par décision ministérielle est donc une mesure contraire à l'esprit et au texte de la loi organique sur les mines du

21 avril 1810. C'est une dérogation essentielle aux principes établis par cette loi.

D'où il résulte que cette dérogation doit être strictement renfermée dans les cas pour lesquels elle a été autorisée par la loi du 27 avril 1838.

Voyons quels sont ces cas.

Ils sont limitativement fixés par la loi de 1838 au nombre de trois :

1° Dans le cas de plusieurs concessions menacées d'une inondation commune, le retrait de la concession peut être prononcé contre le concessionnaire qui refuserait de payer les taxes mises à sa charge par suite des travaux exécutés en commun soit pour assécher tout ou partie des mines inondées, soit pour arrêter les progrès de l'inondation. (Article 1er de la loi de 1838, combiné avec l'article 6.)

2° Dans tous les cas où les lois et règlements sur les mines autorisent l'administration à faire exécuter des travaux dans les mines aux frais des concessionnaires, le défaut de payement de ces frais par les concessionnaires pourra égale-

ment donner lieu contre eux au retrait de la concession. (Art. 9, loi du 27 avril 1838.)

3° Enfin le retrait de la concession peut encore
être prononcé dans le cas prévu par l'article 49
de la loi du 21 avril 1810, c'est-à-dire dans le cas
où l'exploitation serait restreinte ou suspendue
de manière à inquiéter la sûreté publique ou les
besoins des consommateurs.

Mais, en dehors de ces trois cas, le ministre
des travaux publics n'a pas le droit de prononcer le retrait d'une concession, ou, s'il le faisait,
sa décision serait entachée d'excès de pouvoirs,
et, déférée au conseil d'État, elle serait certainement annulée.

Dans le début, le projet de loi du gouvernement et la loi votée en première discussion à la
Chambre des pairs n'autorisaient le retrait des
concessions que dans un seul cas, celui du défaut
de payement des taxes mises à la charge d'un
concessionnaire dans l'hypothèse de l'inondation
de plusieurs concessions.

Les deux autres cas de déchéance ne furent
insérés dans la loi que postérieurement, durant
le cours de la discussion à la Chambre des députés.

Voici ce que nous lisons à cet égard dans le rapport présenté à la Chambre des pairs par M. le comte d'Argoult à la séance du 16 avril 1838 (*Moniteur* des 16 et 17 avril) :

« Il nous reste, dit ce rapport, à vous entre-
« tenir de deux articles additionnels qui ont été
« ajoutés au projet de loi par la Chambre des
« députés.

« Le danger d'inondation n'est pas le seul qui
« menace les mines; elles sont exposées à des
« éboulements; elles peuvent être détruites par
« des incendies; l'inflammation des gaz délé-
« tères peut coûter la vie à un grand nombre
« d'ouvriers; enfin une inondation peut com-
« promettre l'existence d'une mine isolée sans
« s'étendre à un groupe de concessions. Le dé-
« cret du 3 janvier 1813 a prévu ces différents
« cas, et il a donné à l'administration le droit
« de prescrire les travaux jugés indispensables
« pour prévenir de pareils accidents ou pour y
« remédier; mais ce décret n'a pas spécifié par
« quels moyens des concessionnaires récalci-
« trants pourraient être contraints au payement
« de la dépense de ces travaux de sûreté. L'om-
« nipotence impériale, véritable sanction du dé-

« cret de 1813, n'existant plus, il devenait juste
« d'appliquer à ces concessions la pénalité éta-
« blie par la loi actuelle pour le cas d'inonda-
« tion commune; c'est ce que décide le premier
« de ces articles additionnels.

« Le deuxième détermine que dans les cas
« prévus par l'article 49 de la loi du 21 avril
« 1810, le retrait de la concession et l'adjudica-
« tion de la mine ne pourront avoir lieu que sui-
« vant les formes prescrites par l'article 6 de la
« présente loi.

« Ces dispositions, consacrées par les articles 9
« et 10, nous ont paru éminemment utiles; elles
« font du projet de loi un ensemble rationnel et
« complet, et leur adoption nous paraît d'autant
« plus nécessaire, que la conservation et le dé-
« veloppement de l'exploitation des mines de-
« viennent chaque jour d'un plus grand inté-
« rêt. »

Nous ne nous occuperons pas des deux premiers cas spéciaux où le retrait d'une concession peut être prononcé pour défaut de payement de taxes incombant au concessionnaire,
soit par suite de travaux d'asséchement, soit par
suite de travaux ordonnés d'office par l'administration.

Il est à noter que dans ces hypothèses, jusqu'au jour de l'adjudication, le concessionnaire déchu peut arrêter les effets de la dépossession en payant toutes les taxes arriérées. (Article 6, loi de 1838.)

Ces deux cas n'offrent, du reste, aucune difficulté d'application ni d'interprétation. On comprend sans peine que l'État, lorsqu'il a fait des avances d'argent pour la conservation d'une mine ou dans l'intérêt de la sûreté publique, ait une sanction énergique pour recouvrer ses déboursés.

Il est de principe en effet, dans toutes nos lois en matière de recouvrement d'argent, que l'État ne peut et ne doit pas perdre, et les moyens les plus efficaces lui sont toujours réservés pour se faire payer.

Ce sont les cas prévus par l'article 49 de la loi du 21 avril 1810 qui doivent faire l'objet spécial de nos observations.

Il faut, avons-nous dit, pour que le retrait de la concession soit possible, que l'exploitation de la mine soit *restreinte* ou *suspendue*.

Mais dans quelle mesure une exploitation doit-elle être déclarée restreinte ou suspendue ? C'est là une appréciation de fait délicate dont le ministre n'est juge qu'en premier ressort, et qui rentre en dernière analyse sous le contrôle souverain du conseil d'État statuant au contentieux.

Ce n'est pas tout : cette restriction ou cette suspension de l'exploitation ne peuvent amener le retrait de la concession que si elles se produisent de manière à inquiéter la sûreté publique ou les besoins des consommateurs.

Ces conditions sont substantielles.

Or la sûreté publique ne peut généralement pas être mise en question pour presque toutes les mines abandonnées que vise la circulaire ministérielle.

Quant aux besoins des consommateurs, il est possible, dans des hypothèses bien rares, qu'en 1810 la suspension ou la restriction de certaines exploitations put les inquiéter ; mais aujourd'hui, avec les chemins de fer et les autres voies de transport, en un mot dans les conditions actuelles de l'industrie, nous avouons qu'il nous est impossible de nous figurer une hypothèse où les besoins des consommateurs seraient réellement mis en péril.

Du reste, c'est au ministre, lorsqu'il prononce le retrait d'une concession dont l'exploitation est restreinte ou suspendue, à *prouver* que ce fait met en péril la sûreté publique ou les besoins des consommateurs.

Il ne suffit pas que le ministre déclare autoritairement que la sûreté publique ou les besoins des consommateurs sont compromis, il faut encore qu'il en rapporte la preuve.

A défaut de cette preuve, la décision du ministre serait entachée d'un excès de pouvoir qui en entraînerait l'annulation devant le conseil d'État.

L'article 49 de la loi de 1810 dispose en outre que le ministre, lors même que toutes ces conditions se trouveraient réunies, ne pourra prononcer le retrait de la concession qu'après que les préfets *auront entendu* les propriétaires de mines.

Aussi, au lendemain de la discussion de la loi du 27 avril 1838, le directeur général des ponts et chaussées et des mines (*Annales des mines*, 3ᵉ série, t. XIV, p. 594), dans une circulaire du 29 décembre 1838, concernant des instructions pour la loi du 27 avril 1838, précisait avec netteté les cas rares où il y aurait lieu de prononcer le retrait d'une concession.

Nous devons faire connaître la partie de cette circulaire qui traite du retrait des concessions.

« Toutefois, y est-il dit, il est bien entendu
« qu'on ne doit employer qu'avec une grande
« réserve la faculté de poursuivre la déchéance
« pour cause d'inexploitation. Beaucoup de cir-
« constances indépendantes du concessionnaire,
« des revers de fortune, des procès, des affaires
« de famille quand une succession vient à s'ou-
« vrir, les difficultés mêmes de l'exploitation ou
« le manque de débouchés, la baisse des prix
« dans le commerce, peuvent occasionner des
« interruptions dans les travaux ; et d'un autre
« côté l'intérêt public n'est pas toujours menacé
« parce qu'une mine n'est pas exploitée. On a
« quelquefois soutenu, en thèse générale, que
« les besoins des consommateurs sont effective-
« ment compromis dans une localité lorsqu'on
« ne tire aucun parti d'une substance minérale
« qui y existe et qu'il faut cependant faire venir
« du dehors ; qu'il pourrait se faire, quelque fai-
« ble que fût le prix de la matière ainsi importée,
« qu'une exploitation locale la donnât à un prix
« encore inférieur ; que si on ne peut rien affir-
« mer à cet égard, il semble qu'il n'y a aucune
« raison positive non plus à objecter à l'avance
« contre la possibilité de la réduction. La ques-
« tion ainsi envisagée, on serait assez fondé à

« dire qu'il y a du moins présomption que le
« consommateur paye trop cher quand on n'ex-
« ploite pas une mine qui est à sa portée, et
« qu'alors ses intérêts sont en souffrance. Mais,
« dans l'application, ces généralités conduiraient
« souvent à l'arbitraire ; et quand il s'agit de
« mesures de rigueur, il faut surtout qu'on ne
« puisse pas en contester l'application. On sent
« très-bien qu'en pareille matière, il y a un grand
« nombre de considérations à apprécier, et que
« c'est dans les faits surtout que l'Administra-
« tion doit chercher sa force et son droit. Elle
« porterait atteinte elle-même à son autorité si
« elle procédait autrement ; son action sera d'au-
« tant plus efficace qu'elle aura su tenir compte
« de toutes les circonstances. Il convient donc,
« quand une mine n'est pas exploitée, d'adresser
« d'abord des avertissements au propriétaire de
« la mine, de le prévenir des mesures qui pour-
« ront être prises contre lui s'il ne se met pas
« en règle, et de l'engager à s'expliquer. Il con-
« vient aussi de procéder dans ces circonstances
« à une enquête administrative ayant pour ob-
« jet de faire connaître si, et jusqu'à quel point,
« cette interruption des travaux est de nature à
« porter préjudice aux consommateurs. La loi

« n'exige pas absolument ici cette enquête; elle
« ne la prescrit explicitement que lorsqu'il est
« question de contraindre les concessionnaires à
« exécuter en commun et à leurs frais des tra-
« vaux pour assécher leurs mines inondées ou
« arrêter les progrès de l'inondation. Mais elle
« se réfère à l'article 49 de la loi de 1810; elle
« indique que les poursuites ne devront être
« exercées que s'il y a un véritable intérêt pu-
« blic compromis. Il est donc convenable, avant
« d'user des voies de rigueur, de bien constater
« que l'on s'est trouvé obligé d'y recourir; il
« faut entendre les intéressés, voir s'il y a des
« plaintes, recueillir en un mot toutes les infor-
« mations nécessaires. C'est lorsque ces préli-
« minaires auraient été épuisés, qu'alors, s'il y
« avait lieu, vous prendriez un arrêté spécial qui
« assignerait au concessionnaire, conformément
« à l'article 6 précité, un délai de deux mois,
« passé lequel, si l'exploitation n'était pas re-
« mise en activité, vous transmettriez à l'Admi-
« nistration, avec un rapport des ingénieurs,
« vos propositions pour le retrait de la conces-
« sion, s'il vous paraissait qu'il dût être pro-
« noncé. Il serait ensuite, après la décision du
« ministre et l'expiration des délais de recours,

« ou après la notification de l'ordonnance confir-
« mative de la décision, procédé publiquement,
« par voie administrative, à l'adjudication de la
« mine, ainsi qu'il est déterminé dans ce même
« article de la loi. »

Comme nous le disions tantôt, cette circulaire a
été écrite huit mois après la discussion de la loi
de 1838, par M. Legrand, directeur des mines,
qui avait pris une large part à la discussion de la
loi dans le sein des Chambres, où il représentait
le Gouvernement à titre de commissaire. On peut
donc dire que cette circulaire est la traduction
exacte de la pensée et de la volonté du législateur
de 1838; qu'elle en est le corollaire indispensable. Pourquoi toutes ces sages précautions recommandées aux préfets par le directeur général
des mines? Pourquoi cette enquête préalable avant
la mise en demeure, quoiqu'elle ne soit pas pres-
crite par la loi? C'est qu'au ministre, ainsi que
nous le faisions remarquer, en prononçant le retrait d'une concession, incombe le fardeau de
prouver que la sûreté publique ou les besoins
des consommateurs sont compromis.

L'Administration ne peut faire un usage discrétionnaire ou arbitraire de ce droit de retrait des

concessions, qui serait sans cela une arme terrible entre ses mains.

Il y a loin des instructions données en 1838 par un homme, qui ne pouvait se tromper sur l'esprit et le sens de la loi du 27 avril 1838, avec celles contenues dans la circulaire du 10 février 1877.

« Quant aux concessions, dit en effet le mi- « nistre des travaux publics de 1877, dont les « propriétaires ne répondraient pas à la mise en « demeure ou, ayant répondu et promis de se « mettre sérieusement à l'œuvre, sembleront « ne pas vouloir tenir sérieusement leurs pro- « messes, mon intention est de *prononcer* IMMÉ- « DIATEMENT *le retrait*, ainsi que m'en donne le « droit l'article 10 de la loi de 1838. »

A une condition toutefois, dirons-nous, que M. le ministre paraît oublier, c'est que l'arrêté qui prononcera le retrait sera motivé sur le péril que le défaut d'exploitation ferait courir à la sûreté publique ou au besoin des consommateurs, et que la décision ministérielle en fournira la preuve. Autrement cette décision serait entachée d'un excès de pouvoirs qui en entraînerait à coup sûr l'annulation devant le conseil d'État.

3

La circulaire du 10 février 1877 ne pouvait
passer sous silence l'instruction administrative
du 27 décembre 1838, qui recommandait de
n'user qu'avec une grande réserve de la faculté
de poursuivre la déchéance pour cause d'inexploitation.

En réalité, la circulaire de 1877 est la négation
absolue de l'instruction de 1838; il fallait s'expliquer sur cette contradiction. Voyons donc l'ex-
plication :

« Trente-huit ans se sont écoulés depuis lors,
« dit la circulaire de 1877, et l'expérience a
« montré que ces circonstances, dont l'Adminis-
« tration doit évidemment tenir compte, sont
« très-rares ; que les difficultés de l'exploitation
« ou le manque de débouchés sont le plus ordi-
« nairement donnés comme prétexte d'une inac-
« tion absolument contraire au but que s'étaient
« proposé les législateurs de 1810 et de 1838,
« ainsi qu'aux conséquences à tirer du dévelop-
« pement et du perfectionnement qu'ont reçus,
« postérieurement à la deuxième de ces dates,
« nos voies de communication. »

Nous répondrons que le ministre de 1877, en
s'exprimant ainsi, paraît avoir oublié que les

sages précautions recommandées par la circulaire
de 1838 n'étaient que la mise à exécution de l'esprit et du sens de la loi du 27 avril 1838. D'après
cette loi, il ne suffit pas, en effet, qu'une concession soit inexploitée pour que le ministre
puisse en prononcer le retrait, il faut encore que
le ministre prouve que cette inertie du concessionnaire met en péril la sûreté publique ou les
besoins des consommateurs. Sans doute trente-
huit ans ont pu s'écouler depuis 1838, et les
tendances et les vues de l'Administration ont pu
grandement se modifier; mais ce que ce laps de
temps n'a pu changer, c'est le texte et l'esprit de
la loi du 27 avril 1838. Les réflexions de la circulaire de 1877 pourraient trouver leur place dans
l'exposé des motifs d'un projet de loi qui serait
destiné à abroger l'article 49 de la loi de 1810 et
l'article 10 de la loi de 1838; mais ces réflexions
sont sans portée si elles prétendent donner un
commentaire doctrinal de la loi de 1838.

Les aspirations, les vues et les tendances de
l'Administration peuvent varier; mais qu'on s'a-
dresse au conseil d'État, interprète et gardien
de la stricte application des lois, et nous avons,
nous dirions volontiers, la certitude que la loi de
1838 sera renfermée dans ses véritables limites

et que l'extension qu'on prétend aujourd'hui y
apporter ne sera pas sanctionnée par cette
haute juridiction. Nous croyons en trouver une
preuve certaine dans trois décrets du conseil
d'État du 28 juillet 1852 dont nous reparlerons
bientôt.

Les auteurs qui ont écrit sur la législation des
mines nous semblent bien, eux aussi, ne faire aucune difficulté de reconnaître, contrairement à ce
qui est dit dans la circulaire du 10 février 1877,
que le simple fait de laisser une mine inexploitée
ne suffit pas à autoriser le retrait de la concession.

Voici en quels termes, sur cette matière, s'ex-
prime M. l'inspecteur général Dupont (*Traité pratique de la jurisprudence des mines*, 2me édition.
Paris, 1862, t. Ier, p. 433, 435 et 436) :

« Le principe du retrait des concessions de
« mines était tenu en germe dans l'article 49 de
« la loi de 1810, qui donne au gouvernement le
« droit de pourvoir, ainsi qu'il appartiendra, dans
« les cas où l'exploitation est restreinte ou sus-
« pendue, de manière à inquiéter la sûreté publi-
« que ou les besoins des consommateurs ; mais
« réduit à ces termes vagues, ce principe était

« inefficace. Née de la nécessité des choses, la loi
« de 1838 est venue développer ce germe, elle a
« précisé et formulé le droit du gouvernement de
« prononcer la déchéance des concessionnaires
« *dans certains cas prévus et définis.*

« C'est chose grave assurément que de poser,
« au grand jour, ce principe de la déchéance des
« mines, mais c'était chose inévitable. Les mines
« doivent être surveillées par le pouvoir qui les
« concède. Nous avons établi avec développement
« ce principe qui découle de la nature des cho-
« ses, de l'esprit de la loi de 1810 et de ses ter-
« mes formels; or, qui veut le but veut les
« moyens, et, pour que la surveillance soit effi-
« cace, il faut au gouvernement un droit de dé-
« chéance *justement limité.* »

« Les orateurs du gouvernement, dit-il encore,
« firent triompher ce juste principe que l'institu-
« tion d'une concession de mine est faite dans l'in-
« térêt général et pour fournir aux consomma-
« teurs des objets de première nécessité que les
« mines seules peuvent produire; en consé-
« quence, le concessionnaire, qui laisse sa mine
« inexploitée *dans des circonstances qui entraînent*
« *une souffrance réelle de la part des consommateurs*
« manque au premier de ses devoirs, etc. »

« Ce droit de retrait des concessions inexploi-
« tées, ajoute-t-il enfin, serait une arme terrible
« entre les mains de l'administration si elle en
« faisait *un usage discrétionnaire*. Mais les faits
« sont là pour démontrer le contraire, et aucun
« abus de ce genre ne peut lui être reproché ;
« *ce n'est que dans les cas graves où il est pleine-*
« *ment constaté que l'abandon d'une mine est cause*
« *que les besoins des consommateurs ne sont pas*
« *satisfaits*, ce n'est qu'après la mise en demeure
« du concessionnaire de reprendre ses travaux,
« que le gouvernement procède à l'exercice du
« pouvoir conféré par l'article 10 de la loi de
« 1838, pouvoir dont l'exercice est pour lui un
« devoir aussi bien qu'un droit. »

M. Peyret-Lallier (*Législation des mines.*
Paris, 1844, t. II, p. 315) enseigne également
qu'en dehors des cas de défaut du payement des
taxes établies par la loi du 27 avril 1838, le retrait
d'une concession de mine ne peut avoir lieu que
dans les hypothèses prévues par l'article 49 de
la loi du 21 avril 1810, c'est-à-dire lorsque la
restriction ou la suspension de l'exploitation sont
de nature à inquiéter la sûreté publique ou les
besoins des consommateurs.

Maintenant que nous avons énuméré les cas limitatifs dans lesquels le retrait d'une concession peut être légalement prononcé, nous devons faire connaître la procédure qui doit être suivi pour arriver à la dépossession du concessionnaire.

Cette procédure est établie par l'article 6 de la loi du 27 avril 1838.

« A défaut de payement, dit cet article, dans un « délai de deux mois, à dater de la sommation « qui aura été faite, la mine sera réputée aban- « donnée. »

Il résulte de cet article qu'au cas de défaut de payement des taxes, une sommation préalable d'avoir à payer faite au concessionnaire est indispensable avant le retrait de la concession qui ne peut jamais être prononcée que deux mois après cette sommation.

Mais la loi n'exige pas cette sommation préalalable au cas du retrait d'une concession prononcée en vertu des faits prévus par l'article 49 de la loi de 1810. Cependant cette sommation nous paraît indispensable, même en ce cas, ne fût-ce qu'en invoquant ce principe de droit naturel, que

nul ne peut être frappé sans avoir été préalable-
ment entendu.

Ajoutons qu'en fait l'Administration n'a jamais
manqué de mettre les concessionnaires préala-
blement en demeure d'avoir à exploiter ou à faire
connaître les motifs légitimes de leur inaction.

Mais si ce délai de deux mois est parfaitement
compréhensible lorsqu'il s'agit du payement de
taxes, ce délai fixe et invariable dans l'hypothèse
d'une exploitation suspendue ou interrompue est-
il toujours juste, équitable ; est-il suffisant, en
un mot, dans tous les cas, lorsqu'il s'agit de
reprendre des travaux depuis longtemps aban-
donnés ?

Evidemment non, répondrons-nous, et il y a
là, suivant nous, une question de fait et d'interprétation qui pourra toujours être utilement
débattue, et, suivant les cas, victorieusement
invoquée devant le conseil d'État.

C'est au ministre qu'appartient le droit de
prononcer le retrait d'une concession de mines.

Et la décision ministérielle a l'autorité et la
force d'un véritable jugement.

Mais la loi a réservé au concessionnaire ainsi
frappé, le droit d'en appeler en dernier ressort à
un juge souverain.

C'est devant le conseil d'État, statuant au contentieux, et suivant les formes de la procédure administrative que doit être porté l'appel contre la décision ministérielle.

De ce que le ministre est juge, en premier ressort, en matière de retrait de concession de mines, il en résulte que le concessionnaire contre lequel le retrait est prononcé doit se pourvoir devant le conseil d'État *dans le délai de trois mois*, à partir de la signification de la décision ministérielle prononçant le retrait de la concession.

Nous insistons sur ce point.

Car si le pourvoi n'était pas formé devant le conseil d'État dans le délai de trois mois, la décision ministérielle passerait en force de chose jugée et deviendrait inattaquable.

Absolument comme s'il s'agissait d'un jugement de première instance contre lequel l'appel n'aurait pas été formé dans les délais légaux.

Le retrait de la concession à l'expiration de ces trois mois serait définitivement prononcé.

Le concessionnaire déchu n'aurait plus, dès lors, aucune voie de recours contre la décision qui l'aurait frappé, cette décision fût-elle même entachée d'un excès de pouvoir manifeste.

Le conseil d'État, statuant au contentieux,

ayant été institué par la loi du **27** avril 1858,
juge d'appel des décisions ministérielles qui
prononcent un retrait de concession, il en résulte
que le concessionnaire, frappé par la décision du
ministre, pourra, devant le conseil d'État, dé-
battre aussi bien les questions de fait que les questions de droit, de nature à faire annuler la décision ministérielle qui porte une si grave atteinte
à sa propriété.

Le recours une fois formé au conseil d'Etat,
dans le délai utile de trois mois, l'affaire sera
instruite dans les formes de la procédure suivie
devant le conseil d'État, formes qui assurent aux
requérants toutes les garanties d'une entière et
libre défense, toujours prise en très-grande considération et minutieusement examinée.

Le concessionnaire qui se pourvoit au conseil
d'État doit fournir, dans un mémoire écrit sur
timbre, à l'appui de son recours, les raisons de
fait et de droit qu'il estime de nature à motiver
l'annulation de la décision ministérielle portant
retrait de la concession.

Le concessionnaire a le droit de produire également toutes les pièces justificatives de sa récla-
mation.

Ce mémoire et les pièces à l'appui sont communiqués par la section du contentieux du conseil d'État au ministre des travaux publics.

Le ministre communique à son tour, pour avis, le dossier à MM. les ingénieurs ordinaire et en chef des mines dans l'arrondissement desquels est située la mine dont le retrait a été prononcé, ou du moins les avis motivés de ces fonctionnaires sur l'opportunité ou non du retrait, doivent se trouver au dossier que le ministre renvoie au conseil d'État.

De même l'avis motivé du Conseil général des mines devra faire partie de l'envoi ministériel.

Enfin, le ministre des travaux publics doit transmettre au conseil, avec les divers avis dont nous venons de parler, son avis motivé et par écrit sur le recours formé par le concessionnaire contre la décision ministérielle qui l'a frappé.

Ce dossier, ainsi complété, est renvoyé alors par le ministre au secrétariat de la section du contentieux du conseil d'État.

Le concessionnaire peut prendre connaissance au greffe de la section du contentieux, de la réponse ministérielle et des autres pièces qui l'accompagnent, et y fournir, en un mémoire écrit, telles défenses ou réponses qu'il jugera utiles à la défense de ses intérêts.

Si le concessionnaire requérant a confié sa défense au ministère d'un avocat au conseil d'État et à la Cour de cassation, il est dans la jurisprudence du conseil de confier tout le dossier officiel, pendant un délai de quinze jours, à cet avocat, afin qu'il puisse l'examiner et y fournir les réponses nécessaires.

L'instruction étant ainsi complète, tout le dossier est envoyé par le président de la section du contentieux à un membre du conseil d'État qu'il désigne pour faire à la section un rapport écrit sur le recours du concessionnaire.

S'il n'y a pas d'avocat au conseil d'État et à la Cour de cassation, chargé d'occuper pour le concessionnaire, la section du contentieux peut, à son choix, ou statuer elle-même, ou demander à l'assemblée générale du conseil d'État statuant au contentieux de prononcer sur le litige.

S'il y a un avocat constitué, le renvoi à l'assemblée générale du conseil d'État est de droit.

En ce cas, la section du contentieux prépare un projet de décision qui doit être soumis à l'assemblée générale.

Au jour indiqué, l'affaire est appelée en séance publique. Le rapporteur donne lecture de son travail qui présente le résumé exact de toutes les pièces du litige. L'avocat de la partie a le droit de prendre ensuite la parole pour soutenir oralement la demande de son client. Enfin, un maître des requêtes au conseil d'État, commissaire du gouvernement, donne publiquement et de vive voix ses conclusions sur le mérite du recours.

L'affaire est mise en délibéré, et la décision rendue ordinairement à la séance suivante de l'assemblée générale du conseil d'État statuant au contentieux, en audience publique.

Nous avons cru utile de retracer ce mécanisme de la procédure au conseil d'État qui, s'il est familier aux jurisconsultes, n'est peut-être pas généralement connu des concessionnaires de mines.

Si l'Administration ne s'est pas renfermée dans les cas strictement prévus par les lois de 1810 et de 1838, seuls cas où le retrait d'une concession soit permis, nul doute que le conseil d'État ne fasse respecter les droits du concessionnaire en déclarant les décisions ministérielles attaquées nulles et de nul effet.

Les précédents ne permettent guère d'en douter.

En effet, bien qu'à notre connaissance le conseil d'État n'ait été appelé jusqu'ici qu'une seule fois à se prononcer sur des décisions ministérielles portant retrait d'une concession de mines[1], le conseil n'a pas hésité un instant à annuler des décisions qui ne lui paraissaient pas justifier convenablement et légalement la mesure si grave du retrait d'une concession.

Voici la circonstance à laquelle nous faisons allusion où le conseil d'État a statué comme juge d'appel de décisions ministérielles portant retrait de concession de mines :

Les mines de fer du Bouhamra, des Karezas et d'Aïn-Morkha, dans la province de Constantine (Algérie), ont été concédées par trois ordonnances royales du 9 novembre 1845.

Au mois de janvier 1848, un rapport de l'ingénieur en chef des mines de l'Algérie faisait connaître que ces trois concessions n'étaient pas encore en exploitation.

Sur le vu de ce rapport, le directeur des affaires civiles de la province de Constantine prit un arrêté qui assignait aux concessionnaires un délai de six mois pour l'accomplissement de

---

[1] L'arrêt au contentieux du 26 mai 1876 (Lebreton-Dulier) est relatif à une espèce toute spéciale qui ne touche en rien à la question de principe que nous examinons.

leurs obligations. Enfin un arrêté du ministre de
la guerre du 10 novembre 1848 vint accorder un
dernier délai de trois mois à ces concessionnaires pour commencer leur exploitation s'ils
n'avaient pas encore exploité, ou pour reprendre leurs travaux d'une manière régulière, s'ils
les avaient restreints ou suspendus.

Cette nouvelle mise en demeure n'ayant été
suivie d'aucun effet, le ministre, par décision
du 14 septembre 1849, crut devoir prononcer le
retrait des trois concessions en se basant sur
l'article 49 de la loi du 21 avril 1810, sur l'article 10 de la loi du 27 avril 1838, et sur l'article 14 des ordonnances de concession.

Les concessionnaires déchus se pourvurent
devant le conseil d'État et lui demandèrent de
prononcer l'annulation des décisions du ministre
de la guerre portant le retrait de leurs concessions.

Ils faisaient valoir à l'appui de leur recours
les motifs qu'ils considéraient comme une cause
légitime et suffisante de non-exploitation, à savoir l'absence de toute espèce de débouchés pour
leurs produits en Algérie, la perturbation générale apportée dans les affaires industrielles par
la révolution de février 1848, et enfin les oppo-

sitions formées par les propriétaires du sol à l'exploitation des mines sur leur terrain.

Ces divers motifs ont paru au conseil d'État décisifs et de nature à exclure la possibilité du retrait des concessions.

« Considérant, dit le conseil d'État, que si,
« nonobstant les mises en demeure susvisées du
« 12 avril et du 10 novembre 1848, le conces-
« sionnaire du Bouhamra n'a pas repris dans le
« délai prescrit l'exploitation de la mine, il jus-
« tifie de l'existence, à cette époque, d'empê-
« chements qui, d'après les circonstances de l'af-
« faire, doivent être considérées · comme une
« cause légitime de suspension de l'exploita-
« tion. »

En conséquence, par trois décrets du même jour 28 juillet 1852, et conçus dans les mêmes termes, le conseil d'État a annulé les décisions ministérielles qui prononçaient le retrait des concessions du Bouhamra, des Karezas et d'Aïn-Morkha.

On trouvera à la suite de ces observations le texte intégral d'une des décisions du conseil d'État.

En dehors de cette seule espèce où les décisions ministérielles furent déférées au conseil

d'État, nous croyons que les retraits de concession prononcés définitivement et sans appel par
de simples décisions ministérielles ont été extrê-
mement rares.

Nous ne connaissons, pour notre compte, que
quatre exemples d'une pareille mesure, dont
deux sont rapportés par M. Lamé-Fleury dans
son texte annoté de la loi du 21 avril 1810
(p. 7, en note).

Un arrêté ministériel du 17 novembre 1846
aurait prononcé la déchéance d'un concessionnaire qui avait laissé ses mines inexploitées depuis longues années, par cette considération
« qu'il est du devoir de l'Administration de pren-
« dre les mesures nécessaires pour que ces mi-
« nes puissent être remises en valeur, leur inex-
« ploitation étant de nature à compromettre les
« besoins actuels des consommateurs; qu'il y a
« lieu dès lors de recourir aux dispositions pres-
« crites par la loi de 1838. »

En second lieu, un arrêté du ministre de
la guerre du 28 mars 1851 aurait également
prononcé la déchéance d'une concession en Algérie.

Plus récemment deux arrêtés ministériels, l'un du 21 janvier 1874 (*Annales des mines*, 1874, p. 151), et l'autre du 6 septembre 1876 (*Annales des mines*, 1876, p. 204), ont prononcé le retrait, le premier de la concession de mines de houille de Ficques (Pas-de-Calais), et le second de la concession de mines métalliques de Giromagny (Haut-Rhin).

Mais ces quatre espèces ne présentent qu'un intérêt très-médiocre; car, dans les trois premiers cas, les concessionnaires semblent avoir consenti eux-mêmes au retrait de la concession, puisqu'ils ont laissé écouler les délais d'appel sans déférer au conseil d'État les décisions ministérielles qui les frappaient; et dans le quatrième, la mine était si complétement abandonnée que le domicile du concessionnaire était absolument ignoré.

En terminant sur les questions de procédure, nous devons faire remarquer que :

Le recours au conseil d'État contre une décision ministérielle qui prononce le retrait d'une concession est suspensif.

C'est-à-dire que tant que le conseil d'État n'a pas statué définitivement sur le recours du concessionnaire, la décision du ministre est comme nulle et non avenue.

La dépossession du concessionnaire n'a lieu qu'après que le conseil d'État a statué en confirmant la décision du ministre, et après que cette décision du conseil a été notifiée administrativement au concessionnaire déchu.

Mais, après l'accomplissement de cette formalité, le retrait de la concession est définitif.

L'Administration doit alors procéder publiquement, par voie administrative, à l'adjudication de la mine abandonnée.

Toutefois, au cas du retrait d'une concession pour défaut de payement des taxes, le concessionnaire déchu peut, *jusqu'au jour de l'adjudication*, arrêter les effets de la dépossession en payant toutes les taxes arriérées. Dans le cas d'inondation, il doit, outre ce payement, consigner la somme qui sera jugée nécessaire pour sa quote-part dans les travaux qui resteront encore à exécuter.

On peut se demander si le concessionnaire contre qui le retrait de la concession a été prononcé pourra concourir à l'adjudication et redevenir de nouveau, par la voie des enchères, propriétaire de son ancienne mine.

Nous sommes porté à le croire. La décision ministérielle prononçant le retrait n'a pas pour but, en effet, de rendre le concessionnaire inhabile à posséder cette concession. L'effet de la décision ministérielle est de réputer *la mine abandonnée*. (Article 6, § 1.) « Il sera procédé « publiquement, par voie administrative, dit en- « core l'article 6, § 4, à l'adjudication de *la mine* « *abandonnée*. »

Rien ne nous paraît donc s'opposer à ce que le concessionnaire déchu puisse se faire déclarer adjudicataire de son ancienne mine.

L'article 6, § 4, n'exige, en effet, qu'une seule condition pour être admis à prendre part aux enchères. « Les concurrents seront tenus, dit-il, « de justifier des facultés suffisantes pour satis- « faire aux conditions imposées par le cahier des « charges. »

Si le concessionnaire déchu justifie de ces facultés, par quelles raisons pourrait-il donc être écarté de l'adjudication ?

Celui des concurrents qui aura fait l'offre la plus favorable sera déclaré concessionnaire, et le prix de l'adjudication, déduction faite des sommes avancées par l'État (ceci pour le cas de travaux dans des mines inondées ou de travaux prescrits d'office par l'Administration dans les cas de danger pour la sûreté publique), appartiendra au concessionnaire déchu ou à ses ayants droit. Ce prix, s'il y a lieu, sera distribué judiciairement et par ordre d'hypothèque. (Article 6, § 5, loi de 1838.)

S'il ne se présente aucun soumissionnaire, la mine restera à la disposition du domaine, libre et franche de toutes charges provenant du concessionnaire déchu. Celui-ci pourra, en ce cas, retirer les chevaux, machines et agrès qu'il aura attachés à l'exploitation, et qui pourront être séparés sans préjudice pour la mine, à la charge de payer toutes les taxes dues jusqu'à la dépossession, et sauf au domaine à retenir, à dire d'experts, les objets qu'il jugera utiles. (Article 6, § 7, loi de 1838.)

Ces observations juridiques suffiront, nous l'espérons, à fixer les propriétaires de mines tant sur la nature et l'étendue de leurs droits et les moyens de les faire respecter, que sur les pouvoirs de l'Administration en matière de retrait de concession.

La circulaire du 10 février 1877 semble, si nous ne nous trompons, revendiquer pour l'Administration la possibilité de prononcer le retrait de toute concession inexploitée.

Pour nous, nous croyons que cette prétention ne repose que sur une interprétation erronée des lois de 1810 et de 1838.

Nous pensons avoir démontré plus haut que l'esprit de ces deux lois et, sans contredit, leur texte s'opposent formellement au retrait des concessions de mines en dehors de certains cas limitativement déterminés.

Il ne faut pas l'oublier, le retrait d'une concession de mine par voie administrative n'est qu'une exception. La règle générale c'est la perpétuité et l'incommutabilité de la propriété minière, à ce point que la loi de 1810 ne permettait pas le retrait d'une concession.

L'Administration, au contraire, ne tend à rien moins aujourd'hui qu'à faire de l'exception la règle générale.

Mais qu'on ne l'oublie pas, c'est le conseil d'État qui, saisi en temps utile, est le juge souverain, et en dernier ressort, de toutes les questions relatives au retrait d'une concession de mines.

Il a la plénitude de juridiction.

Pour nous, après l'étude des lois de 1810 et

de 1838, nous croyons fermement que le conseil
d'État fera justice des prétentions excessives
(nous allions dire des empiétements) de l'Administration.

La propriété des mines est une propriété
comme une autre (art. 7 de la loi de 1810); qu'un
simple arrêté ministériel puisse l'anéantir, c'est
une atteinte tellement grave au droit de propriété que le législateur de 1810 avait reculé
devant cette conséquence. Il n'a pas fallu moins
en 1838 qu'un grave danger public, que la menace d'inondation de tout le bassin houiller de
Rive-de-Gier, et par suite de sa perte, pour que
les Chambres se décidassent à autoriser le retrait des concessions de mines par voie administrative, mais seulement dans des cas strictement déterminés.

Aujourd'hui, sous prétexte que trente-huit
ans sont écoulés depuis cette époque, et que les
conditions économiques du pays ont subi de
notables changements, l'Administration émet la
prétention de se faire juge des conditions et des
modes d'exploitation au point de vue commercial des concessions de mines. L'Administration
ne prétend à rien moins qu'à venir dire à un
concessionnaire de mines : Vous n'exploitez pas

ou vous n'exploitez pas en quantité suffisante, augmentez votre production dans telles ou telles conditions, ou sinon je vous retire votre concession.

L'Administration pense-t-elle que le conseil d'État accueillera ces prétentions?

En définitive une concession de mines ne s'accorde qu'après des recherches, des travaux, des dépenses nombreuses de la part du concessionnaire. S'il n'exploite pas, c'est que mille circonstances trop longues à énumérer s'opposent à ce qu'il puisse le faire utilement. S'il n'exploite pas, un autre à sa place n'exploitera pas davantage. N'est-il pas la première victime de son inaction, et croit-on qu'il ne brûle pas lui-même du désir de se rémunérer par une production de ses dépenses et de ses travaux?

L'Administration prétend-elle donc forcer les propriétaires de mines à exploiter, même à perte, dans le seul but de lui être agréable!

Mais, dit-on, si un demandeur en concession était venu dire à l'État : Accordez-moi telle concession et je n'exploiterai pas, l'État lui eût refusé la concession.

En droit cette objection est-elle vraie? Est-il exact de dire que le concessionnaire qui n'ex-

ploite pas viole, pour ainsi dire, le contrat tacite
ou plutôt l'engagement moral qu'il aurait pris
envers l'État, et qu'il peut encourir par suite la
déchéance comme sanction de l'inexécution de
cet engagement.

Il suffit, pour répondre, de relire la discussion
de la loi du 21 avril 1810 au sein du conseil
d'État.

Le principe qui domine toute la loi est celui de
la perpétuité et de l'incommutabilité de la propriété des concessions de mines.

C'est dans ce but, nous l'avons montré, que le
législateur de 1810 a voulu répudier absolument
toute possibilité de déchéance ou de retrait des
concessions. Or, qu'on ne l'oublie pas, nous sommes toujours sous l'empire de la loi de 1810.

Le propriétaire de mines qui n'exploite pas,
peut donc légitimement ne pas redouter comme
peine de son inaction une déchéance qui n'est pas
écrite dans la loi, et que le législateur de 1810
n'a pas voulu admettre comme sanction de l'obligation contractée envers l'État par les concessionnaires.

Sans doute, la loi du 27 avril 1838 est venue
apporter, dans certains cas, une grave dérogation
à ces principes, mais ces divers cas ne sont que

des exceptions aux dispositions de la loi de
1810. Par conséquent, puisque ce sont des exceptions, elles doivent être circonscrites étroitement
dans les hypothèses prévues par le législateur de
1838.

Il en faut donc toujours revenir à la règle générale
et reconnaître qu'en dehors du cas de défaut du
payement des taxes, le propriétaire de mines qui
n'exploite pas, ne peut encourir la déchéance,
comme peine du prétendu engagement moral
d'exploiter, auquel il aurait manqué, qu'autant
que l'Administration aura prouvé que l'inaction
du concessionnaire met en péril la sûreté publique ou les besoins des consommateurs.

Hors de là, il n'y a pas de retrait de concession
qui soit légal. Au point de vue législatif du reste,
les exceptions apportées par la loi du 27 avril
1838 au principe de la perpétuité et de l'incommutabilité de la propriété d'une mine peuvent paraître assez fâcheuses pour qu'on évite soigneuse-
ment, dans l'application, d'en étendre la portée.

Multiplier les retraits de concession, par le
seul fait qu'une mine est inexploitée, et cela sous
le prétexte des souffrances des consommateurs,
c'est, nous le dirons, méconnaître tout simplement les leçons de l'expérience.

On s'est élevé avec raison contre la versatilité des conseils de l'ancienne monarchie, qui accordaient et révoquaient successivement des concessions de mines au plus grand dommage de l'industrie minérale.

Aussi la loi du 28 juillet 1791 avait-elle eu la volonté de remédier à ces abus contre lesquels s'étaient élevés avec beaucoup de force les législateurs de l'Assemblée constituante :

Le rapporteur de cette loi, M. Regnault d'Épercy, rappelait, en ces termes, la nécessité du respect absolu de la propriété minière.

« Il est également dangereux, disait-il, de
« livrer les mines au despotisme d'un seul, ou de
« les abandonner à une liberté indéfinie ; une
« législation versatile anéantit toute espèce d'in-
« dustrie, parce que le citoyen qui ne compte
« pas fermement sur la stabilité d'une loi protec-
« trice ne travaille qu'à regret, étant tourmenté
« sans relâche par l'inquiétude et la défiance ;
« elle nous a convaincus enfin de la nécessité
« d'une loi invariable. »

Mais le but que se proposait la loi de 1791 ne fut pas atteint, et en voici la raison :

« C'est que l'Assemblée constituante, dit
« M. Dupont (*Législation des mines*, t. I, p. 41),
« commettait la même faute que l'ancienne
« monarchie en limitant, dans la loi de 1791, la
« durée extrême des concessions à cinquante
« ans (art. 1, tit. I) : en effet, tout concession-
« naire qui n'avait pas la propriété du sol voyait,
« dans l'avenir, le droit du propriétaire qui se
« dressait menaçant à l'expiration du délai de
« concession ; il ne pouvait pas, dans une dispo-
« sition pareille, entreprendre des travaux d'art
« sérieux et conformes au bon aménagement des
« gîtes minéraux ; il exploitait au jour le jour ou
« laissait inexploités les gîtes qui nécessitaient
« de grands travaux préparatoires. Cette durée
« limitée des concessions, combinée avec ce
« droit de préférence accordé aux propriétaires
« du sol, devait donc arrêter l'essor de l'industrie
« minérale, et elle ne tarda pas à produire les
« plus funestes effets. »

Nous sommes convaincus que les mêmes effets
funestes se reproduiraient si, sous prétexte d'inexploitation des concessions, l'Administration
reprenait un pouvoir presque discrétionnaire sur
la propriété des mines.

C'est justement cette immixtion de l'Administration que la loi de 1810 a voulu proscrire en établissant la perpétuité et l'incommutabilité de la propriété des mines. Sans la sécurité absolue du lendemain, et sans la liberté de l'industrie, il n'y a pas et il ne peut y avoir de grandes exploitations minières.

Il faut donc prendre la loi de 1810 dans son ensemble et dans son esprit, il faut se garder d'y toucher témérairement, et se garder surtout de la dénaturer sous prétexte de l'interpréter ou de l'améliorer. Si le principe de la perpétuité et de l'incommutabilité de la propriété des mines peut présenter parfois quelques inconvénients de détail, combien en retour les avantages en ont été considérables !

Peut-on nier que ce ne soit à la loi de 1810 que nous devons le plus rapide et le plus complet développement de notre industrie minérale ?

Et c'est quand une loi a produit de tels avantages, c'est quand l'expérience en a démontré la sagesse, c'est quand les résultats acquis sont visibles à tous les yeux qu'on songerait à porter atteinte, même indirectement, à son principe le plus essentiel ?

C'est donc le passé dont on veut recommencer

l'histoire, comme si on en avait déjà oublié les tristes résultats?

A notre avis, les législateurs de 1838, dominés par l'idée du péril imminent qui menaçait un de nos bassins houillers les plus importants, ont introduit dans notre législation des mines un principe funeste en permettant, même dans des cas très-limités, le retrait, nous allions presque dire la confiscation de la propriété par la voie administrative.

Aujourd'hui, l'Administration, à en juger par les idées manifestées dans la circulaire de 1877, ne prétend à rien moins qu'à agrandir la limite des pouvoirs qui lui sont dévolus au regard des concessions de mines.

On le voit, la dérogation, imprudemment apportée, suivant nous, à la loi de 1810, par le législateur de 1838, commence à porter ses fruits.

Et si on n'y prend garde, les ambitions de l'Administration grandiront encore.

Ainsi, il paraîtrait que, dans un projet de loi, émané de l'Administration, et portant modification de certains articles de la loi de 1810, l'Administration ne revendiquerait pas moins que le droit de prononcer par voie administrative le

retrait de toutes concessions inexploitées durant
un laps de deux années. C'est, en ce sens, dit-on,
que l'article 49 de la loi de 1810 serait modifié ;
il vaudrait mieux dire supprimé.

Et quel moment choisit-on pour nous ramener
à un système qui rappellerait, à s'y méprendre,
celui du *denuncio* de l'ancienne loi espagnole ?

Juste le moment où l'Espagne elle-même y
renonce, mieux éclairée, pour revenir à asseoir
plus fermement le principe de la perpétuité et de
l'incommutabilité de la propriété des mines.

Nous nous résumons d'un mot, et nous dirons :
en matière de mines moins qu'en toute autre
matière, il ne faut pas toucher au principe de la
propriété ; il ne faut pas permettre surtout que
l'État puisse en disposer par voie administrative, à moins qu'on ne veuille oublier les leçons
du passé.

Enfin faisons remarquer qu'on ne trouverait
certainement pas un propriétaire de mines ayant
l'intention arrêtée de ne jamais mettre en exploitation sa concession. Ce sont toujours des
circonstances plus fortes que sa volonté, circonstances rappelées dans la circulaire du 29 décembre 1838, et dont l'Administration recom-

mandait alors de tenir grand compte, qui le con-
damnent, à son grand regret, à l'inaction.

On peut établir, en thèse à peu près générale,
que les concessions restent inexploitées par suite
de deux ordres de faits distincts.

En premier lieu, ou bien la substance minérale est épuisée, ou bien elle n'existe pas dans
le périmètre concédé, ou, si elle existe, c'est en
si petite quantité, que l'exploitation n'en couvri-
rait pas la dépense.

Voilà trois hypothèses où le retrait de la concession se justifierait difficilement. Dans les deux
dernières surtout, si l'Administration prétend
forcer les propriétaires de mines à tenir en exploitation des concessions à peu près stériles,
il semblerait qu'elle dût d'abord s'imposer à elle-
même l'obligation de n'accorder jamais de concession que pour des gisements parfaitement
connus et définis. On peut dire que c'est l'Administration qui est surtout en faute en accor-
dant des concessions où la matière minérale fait
défaut.

A quoi aboutiront du reste les persécutions
contre les mines de cette catégorie? Ces concessions seront vendues et rachetées à vil prix, et
ne seront pas exploitées davantage. C'est donc

une solution à peu près sans issue, à moins que les propriétaires ne renoncent volontairement à leurs concessions, car ou ne peut les y contraindre légalement. L'utilité du retrait ne se conçoit pas davantage, puisque l'État perçoit du moins la redevance fixe sur les mines, tandis que la concession supprimée, il perdrait simplement une source de revenus sans aucun profit au point de vue de l'intérêt public, puisque la substance minérale est ou épuisée, ou à peu près nulle.

Dans la seconde catégorie de mines inexploitées, la substance minérale existe, le gisement souvent est fort riche, mais les débouchés font défaut, et les minerais extraits resteraient invendus ou invendables sur le carreau de la mine, à cause du prix de revient forcément trop élevé. Les concessionnaires, on peut en être sûr, sont encore plus impatients que l'Administration de voir arriver l'heure où ces débouchés seront ouverts et où leurs mines pourront être exploitées.

Il y a là des ressources sûres et certaines pour l'avenir. Pourquoi veut-on les faire gaspiller avant l'heure? N'est-il pas équitable du reste de les laisser entre les mains de ceux qui, par eux-mêmes ou leurs auteurs, les ont le plus souvent découvertes?

En matière d'exploitations de mines, matière commerciale et industrielle s'il en fut, toute immixtion inutile de l'Administration ne peut être que funeste.

S'il fallait démontrer la justesse de cette remarque, il nous suffirait de rappeler les paroles que prononçait Napoléon Ier dans le sein du conseil d'État à l'occasion de la discussion de la loi sur les mines du 21 avril 1810, discussion à laquelle l'empereur, au milieu de ses préoccupations infinies, ne dédaigna pas de prendre part très-souvent. L'empereur s'opposait à ce qu'on inscrivît dans la loi la possibilité du retrait des concessions.

A l'appui de son opinion, il disait « que, pour « l'exploitation des mines, on doit s'en rappor- « ter à l'intérêt personnel, comme on le fait pour « l'exploitation d'un champ ; que de légers in- « convénients qu'on prévoit doivent céder à ce « grand principe constitutif de la propriété ; que « le propriétaire a le droit d'user et d'abuser de « la chose ; qu'il aime mieux laisser agir l'intérêt « personnel que d'établir la surveillance des in- « génieurs ; que c'est un grand défaut pour un

« gouvernement que de vouloir être trop bon
« père de famille; à force de sollicitude, il ruine
« et la liberté et la propriété. »

Et cependant on ne saurait accuser l'empereur
Napoléon Ier d'avoir été un amant fanatique de
la liberté. Sera-ce donc à une époque où l'on a
tant fait, tant parlé et tant écrit pour la liberté
du commerce et de l'industrie que l'exploitation
des mines, au point de vue commercial, devra
retomber plus durement que par le passé sous
la surveillance et la réglementation incessante
et minutieuse de l'Administration?

En résumé, nous croyons que la circulaire du
10 février 1877 est destinée à rester à l'état de
simple menace vis-à-vis des propriétaires de mines qui n'exploitent pas leurs concessions. Nous
croyons que, légalement, sauf les cas de défaut
de payement des taxes et les deux cas prévus par
l'article 49 de la loi du 21 avril 1810, et dont on
ne trouverait peut-être pas une seule application
aujourd'hui, cette circulaire ne peut produire aucun effet.

Mais si nous nous trompons sur les suites de
la circulaire du 10 février 1877, et si l'Administration prononce le retrait des concessions de

mines par la seule raison qu'elles sont inexploitées, nous dirons aux concessionnaires de mines
qui porteront leur recours devant le conseil d'É-
tat, d'attendre avec confiance la justice du conseil, dont la doctrine paraît si nettement assise
jusqu'ici par les trois décrets du 28 juillet 1852.

ÉPILOGUE

Cette brochure était imprimée et allait paraître, lorsque le *Journal officiel* du samedi 16 juin 1877 est venu faire connaître le texte d'une nouvelle circulaire de M. le ministre des travaux publics aux préfets, relative aux concessions de mines non exploitées.

Cette circulaire, en date du 15 juin 1877, est le retrait pur et simple de la circulaire du 10 février.

Par suite, les observations juridiques que nous venons de présenter, perdent en grande partie toute leur utilité pratique. En tout cas, le mérite de l'actualité leur fait désormais défaut.

Nous avons cru dès lors qu'il était nécessaire d'arrêter notre tirage et de le restreindre. Nous nous estimerons néanmoins suffisamment ré-

compensé de nos travaux et de nos recherches si
quelques esprits curieux de la législation des
mines veulent bien prendre la peine de nous
lire.

Dans la circulaire du 15 juin, l'Administration
des travaux publics ne semble pas du reste abandonner ses anciennes prétentions de dépouiller
de sa concession un propriétaire de mines et cela
par voie administrative.

En effet, battue d'avance sur le terrain juridi-
que avant d'avoir combattu, l'Administration se
réserve, ainsi qu'elle l'annonce elle-même, de recourir au pouvoir législatif afin de se faire accorder la faculté de prononcer la déchéance des concessions de mines du moment qu'elles seraient
inexploitées.

Nous pensons que s'il n'en est pas de cette nouvelle menace, comme de celles contenues dans
la circulaire du 10 février, circulaire dont on a pu
dire en lui appliquant un vers célèbre : *Telum im-
belle sine ictu*, nous pensons, disons-nous, que les
propriétaires de mines trouveront dans le sein des
Chambres des défenseurs convaincus et résolus
à maintenir intact ce grand principe de l'incommutabilité et de la perpétuité des concessions
de mines.

A ce point de vue, notre travail, nous l'espérons, pourra fournir quelques indications utiles.

Nous voulons nous abstenir de toute réflexion; mais s'il était nécessaire de prouver le danger de l'immixtion de l'Administration dans cette matière essentiellement industrielle et commerciale, des concessions de mines, il nous suffirait de citer cette circulaire inattendue et inutile du 10 février 1877 venant alarmer tant d'intérêts sérieux devant des mises en demeure impératives et disparaissant tout d'un coup, purement et simplement au bout de quatre mois devant la nouvelle circulaire du 15 juin.

Pour nous, nous sommes convaincu, ainsi qu'on l'a vu plus haut, qu'autant que possible l'Administration doit rester étrangère à tout ce qui concerne l'exploitation des mines.

Et s'il nous fallait invoquer à l'appui de notre opinion une autorité incontestable, nous appliquerions volontiers à la question du retrait des concessions de mines les observations que développait l'illustre fondateur du Creuzot, M. le président Schneider, dans la discussion du budget de 1860, à propos de la redevance proportionnelle sur les mines.

M. le président Schneider déplorait que les

ingénieurs des mines fussent chargés d'établir les
bases de la redevance proportionnelle.

« En conférant, disait-il, aux ingénieurs des
« mines un rôle qui ne doit pas leur appartenir,
« en les chargeant de la perception de la rede-
« vance proportionnelle, on les fait quelque peu
« déchoir de la haute position qui doit toujours
« leur appartenir. On les fait mal à propos des-
« cendre de cette sphère d'où ils devraient domi-
« ner toutes les positions, se bornant à donner aux
« exploitations leur haute direction et à aider les
« exploitants de leurs conseils. »

Par ces mêmes raisons nous souhaitons à notre
tour que le pouvoir législatif refuse à l'Administration des mines la faculté de faire prononcer le
retrait des concessions pour cause d'inexploitation
ou d'exploitation insuffisante.

Ceci dit, nous nous contenterons de reproduire
purement et simplement le texte de la circulaire
du 15 juin qui met fin à toutes les appréhen-
sions soulevées par la circulaire précédente du
10 février.

Voici le texte de la circulaire du 15 juin :

Versailles, le 15 juin 1877.

« Monsieur le Préfet, quatre mois se sont écou-
« lés depuis que mon prédécesseur a adressé aux
« administrations départementales des instruc-
« tions relatives à la question délicate des mines
« non exploitées.

« Vous savez quel était le point de départ de
« cette mesure. En 1873, à la suite d'une crise
« qui avait élevé considérablement le prix du
« charbon, une Commission de l'Assemblée na-
« tionale avait été chargée de procéder à une
« enquête parlementaire sur l'état de l'industrie
« houillère.

« Dans un rapport remarquable, déposé le
« 22 janvier 1874, elle avait naturellement exa-
« miné les causes diverses de chômages d'un trop
« grand nombre de concessions ; elle avait con-
« staté que les unes étaient stériles, épuisées ou
« inexploitables ; que d'autres manquaient de dé-
« bouchés ou de moyens de transport ; que d'au-
« tres enfin étaient délaissées par suite des diffi-
« cultés de l'exploitation, des mauvaises affaires
« des concessionnaires ou encore de la concen-

« tration des travaux sur des mines plus avanta-
« geuses.

« Tout en reconnaissant que la plupart des
« concessions inexploitées ne semblaient pas de
« nature à procurer un accroissement sensible de
« la production houillère, la Commission avait
« insisté, dans ses conclusions, pour que l'Admi-
« nistration appliquât avec fermeté les disposi-
« tions que la loi a mises dans ses mains : Tout
« concessionnaire, qui n'exploite pas, doit être
« mis en demeure de le faire dans un délai con-
« venable. (Rapport Ducarre).

« Cette Commission néanmoins manifestait sa
« répugnance à faire intervenir l'État dans l'ex-
« ploitation des mines. C'était, remarquait-elle,
« avec toutes les responsabilités qui en dérivent,
« une sorte de reprise par l'État des propriétés
« par lui concédées à des clauses et conditions
« définies par les lois et les cahiers des charges,
« véritables contrats qui lient les deux parties.
« Nous avons préféré réclamer l'entière et stricte
« exécution de ces conventions.

« Enfin, la législation des mines ayant été l'ob-
« jet de plusieurs réclamations, l'examen en avait
« été confié à une Sous-Commission de trois mem-
« bres. En ce qui concerne spécialement la ques-

« tion des mines en chômage, la Sous-Commis-
« sion a pensé que l'ingérence de l'État dans un
« ordre de faits économiques et industriels devait
« être limitée avec soin et qu'il suffisait que l'in-
« térêt public fût sauvegardé par la jurispru-
« dence administrative.

« Tel était l'état des choses, lorsque au com-
« mencement de cette année, à l'occasion du
« chômage prolongé de quelques houillères du
« Centre, le département des travaux publics vous
« adressa la circulaire du 10 février, aux ter-
« mes de laquelle un délai de deux mois était
« assigné aux propriétaires de mines inexploi-
« tées, pour opérer la reprise sérieuse de leurs
« exploitations. L'étude approfondie des résul-
« tats de l'expérience en pareille matière et l'exa-
« men des dossiers reçus depuis le 10 février,
« jusqu'à ce jour, m'ont amené à penser que, si
« des faits véritablement anormaux se produi-
« sent, il faut se garder d'ériger les exceptions
« en règle et de chercher un remède efficace
« dans l'emploi rigoureux de mesures administra-
« tives.

« Ainsi, depuis 1810, les archives de la Direc-
« tion des mines ne présentent que trente cas en-
« viron où elle se soit trouvée aux prises avec

« de légitimes réclamations ; cinq fois seulement
« la déchéance administrative du concession-
« naire a été prononcée, et il m'est permis de
« dire que, dus à des causes toutes particulières,
« ces retraits de concession ont été sans aucune
« influence, au point de vue de l'intérêt public,
« et ne sont susceptibles d'aucune généralisation.
« Dans deux autres circonstances, la mise en de-
« meure des concessionnaires a été suivie d'une
« reprise de leurs travaux. Dans tous les autres
« cas, enfin, l'instruction administrative a été
« purement et simplement abandonnée et n'a
« produit aucun résultat.

« Si l'on étudie, d'une part, les dispositions
« légales qui régissent la matière, d'autre part,
« les conditions économiques et techniques aux-
« quelles est nécessairement assujettie l'exploi-
« tation des mines, il n'est pas difficile de se
« rendre compte de cette sorte d'impuissance
« dont l'Administration semble ainsi frappée,
« quand elle se trouve obligée d'intervenir d'au-
« torité dans la gestion d'une affaire indus-
« trielle.

« L'article 49 de la loi du 21 avril 1810 est
« ainsi conçu :

« Si l'exploitation est restreinte ou suspendue,

« de manière à inquiéter la sûreté publique et
« les besoins des consommateurs, les préfets
« après avoir entendu les propriétaires, en ren-
« dront compte au ministre, pour y être pourvu
« ainsi qu'il appartiendra.

« Vous remarquerez, Monsieur le Préfet, com-
« bien la rédaction de cet article est vague, et,
« en définitive, dépourvue de sanction. L'expé-
« rience était venue le démontrer surabondam-
« ment.

« En 1826, le conseil d'État prit l'initiative
« d'introduire, dans les actes de concession de
« mines, la disposition qui porte la lettre K dans
« le modèle de 1843 et dont la rédaction primi-
« tive n'a été modifiée ultérieurement qu'en ce
« qui concerne une mention indispensable de la
« loi du 27 avril 1838 ; mais l'embarras des quinze
« premières années qui ont suivi la promulgation
« de la loi organique de 1810 n'a pas diminué
« jusqu'à la promulgation de cette loi complé-
« mentaire de 1838.

« Sans doute, l'article 10 de ladite loi de 1838
« porte que « dans tous les cas prévus par l'ar-
« ticle 49 de la loi de 1810, le retrait de la con-
« cession et l'adjudication de la mine ne pour-
« ront avoir lieu que suivant les formes pres-

« crites par l'article 6 » ; et il importe de rele-
« ver que « le concessionnaire déchu pourra,
« jusqu'au jour de l'adjudication, arrêter les ef-
« fets de la dépossession. » Sans doute encore
« le conseil d'État, au lieu de renvoyer à l'ar-
« ticle 49 de la loi de 1810 ou au moins d'en
« reproduire les termes, a · substitué l'expres-
« sion « causes reconnues légitimes, » aux ter-
« mes de la loi : « la sûreté publique et les be-
« soins des consommateurs, » ce qui peut don-
« ner matière à contestation. Mais l'embarras de
« l'Administration des mines n'en a pas moins
« persisté pour deux raisons principales, même
« depuis 1838.

« La première réside dans l'adjudication ter-
« minale ou retrait de la concession inexploitée.
« Le concessionnaire intéressé n'est point exclu
« de cette adjudication; il peut donc, s'il a un
« motif sérieux pour redouter la dépossession,
« l'éviter en subissant simplement les frais de la
« mesure dont il a été l'objet.

« La seconde raison, encore plus embarras-
« sante que la première, consiste dans l'impossi-
« bilité technique et économique de définir l'ac-
« tivité d'une mine en exploitation régulière, afin
« de la déclarer légalement restreinte, de dire

« combien l'Administration doit exiger d'ouvriers
« occupés ou de tonnes de minerais extraites.
« C'est que l'intérêt personnel du concessionnaire
« peut seul répondre à des questions de cette
« nature.

« En tout cas, j'estime qu'au point de vue ju-
« ridique la difficulté excède les limites du do-
« maine administratif et compète essentiellement
« au pouvoir législatif. Il n'appartient pas à l'Ad-
« ministration de modifier la loi.

« Quant au point de vue technique et écono-
« mique, que ce n'est point ici le lieu d'aborder
« d'aussi près, je me contenterai de remarquer
« qu'il est malaisé de concevoir aujourd'hui, avec
« la liberté du commerce et le développement
« des voies de communication, une réalisation de
« l'hypothèse faite par le rédacteur de l'arti-
« cle 49 de la loi de 1810, quand il parle de la sû-
« reté publique et des besoins des consomma-
« teurs. J'observerai surtout que l'intérêt géné-
« ral exige impérieusement que les ouvriers mi-
« neurs ne soient pas stérilement éparpillés. Or,
« comme ce personnel tout spécial ne s'impro-
« vise pas, la difficulté bien reconnue du recru-
« tement aurait immanquablement pour consé-
« quence le dépeuplement d'exploitations pro-

« ductives au profit de concessions plus ou moins
« improductives.

   « Je crois donc opportun, Monsieur le Préfet,
« en tenant compte de l'état de gêne dans lequel
« se trouvent aujourd'hui un grand nombre de
« mines exploitées, de rassurer les intéressés
« qui nous ont manifesté leurs inquiétudes et de
« déclarer que, tout en reconnaissant les excel-
« lentes intentions qui ont inspiré la circulaire
« du 10 février, je n'entends point en poursuivre
« l'application. Cette mesure n'aura, d'ailleurs,
« pas été entièrement inutile : l'Administration
« en tirera profit pour compléter les informa-
« tions recueillies lors de l'enquête de 1873, et
« uniquement relatives aux combustibles miné-
« raux. A ce point de vue, je vous saurai gré de
« m'envoyer le plus tôt possible, si déjà vous ne
« l'avez fait, les renseignements que vous avez
« dû recueillir sur les mines inexploitées de
« votre département. L'occasion de modifier, de
« compléter, s'il y a lieu, les dispositions législa-
« tives concernant les concessions en chômage se
« présentera naturellement, sous la forme qui
« seule me paraît d'accord avec les principes ju-
« ridiques. Je compte en effet soumettre prochai-
« nement à l'examen du conseil d'État le projet

« de loi qu'a préparé l'Administration, conformé-
« ment au vœu exprimé par la Commission de
« l'Assemblée nationale, et laisser ainsi au
« pouvoir législatif le rôle qui lui appartient en
« cette matière.

  « Je vous serai obligé de m'accuser réception
« de la présente circulaire dont j'adresse amplia-
« tion aux ingénieurs.

  « Recevez, Monsieur le Préfet, l'assurance de
« ma considération la plus distinguée.

          « *Le Ministre des Travaux publics,*

               « PARIS. »

DOCUMENT A CONSULTER

CONSEIL D'ÉTAT

STATUANT AU CONTENTIEUX

Décision du 28 juillet 1852

Affaire **PÉRON**. **M. Cornudet**, rapporteur ; **Me Maigne**, commissaire du Gouvernement, **Me Marmier**, avocat (n° **22192**).

ALGÉRIE. — MINES DE FER. — CONCESSION. — RETRAIT
JONCTION DE POURVOIS

Décidé qu'il n'y avait pas lieu de prononcer la jonction de pourvois formés contre les décisions ayant la même date et les mêmes motifs, alors que les intérêts des requérants étaient restés distincts.

Annulation, au fond, d'une décision du ministre de la guerre qui avait prononcé le retrait d'une concession de mines en Algérie, le concessionnaire ayant justifié qu'une cause légitime l'avait empêché de reprendre, dans les délais prescrits, les travaux

de son exploitation, dont la suspension prolongée
avait motivé le retrait prononcé par le ministre.

Les mines de fer de Bouhamra, dans la province de Constantine (Algérie), ont été concédées
au sieur Péron par une ordonnance royale du 9
novembre 1845. Aux termes du cahier des charges annexé à cette ordonnance, le concessionnaire était tenu d'achever, dans un délai de six
mois, les travaux d'exploration et de reconnaissance des gîtes concédés, et de fournir dans le
même délai à l'Administration les plans et projets
d'exploitation qu'il se proposait d'adopter.

Toutefois, ce délai pouvait être prorogé par le
ministre de la guerre.

Il était dit, en outre, que le concessionnaire
tiendrait son exploitation en activité constante,
et qu'il ne pourrait la suspendre sans cause reconnue légitime par l'Administration.

Au mois de janvier 1848, un rapport de l'ingénieur en chef des mines de l'Algérie faisait connaître que les mines de Bouhamra n'étaient pas
encore en exploitation, et que le concessionnaire
n'avait ni exécuté les travaux de reconnaissance,

ni produit les projets d'exploitation prescrits par les articles 2, 3 et 4 de son cahier des charges. Sur le vu de ce rapport, le directeur des affaires civiles de la province de Constantine prit un arrêté qui assignait au concessionnaire un délai de six mois pour l'accomplissement de ses obligations. Enfin un arrêté du ministre de la guerre du 10 novembre 1848, vint accorder un dernier délai de trois mois aux concessionnaires de mines en Algérie, pour commencer leur exploitation, s'ils n'avaient pas encore exploité, ou pour reprendre leurs travaux d'une manière régulière, s'ils les avaient restreints ou suspendus. Cette nouvelle mise en demeure n'ayant été suivie d'aucun effet pour les mines de Bouhamra, le ministre crut devoir prononcer le retrait de la concession du sieur Didier Péron, en exécution de l'article 49 de la loi du 21 avril 1810, de l'article 10 de la loi du 27 avril 1838, et de l'article 14 de l'ordonnance du 9 novembre 1845.

Le sieur Péron s'est pourvu contre cette décision. Il demande que son pourvoi soit joint à ceux formés contre deux décisions semblables par les sieurs Talabot et Girard, leurs positions respectives étant identiques et leurs moyens de défense étant les mêmes. Ces moyens sont déve-

loppés dans un mémoire collectif où les sieurs
Talabot, Péron et Girard s'attachent surtout à
établir qu'ils se sont trouvés placés dans des
circonstances telles qu'elles doivent être considérées comme une cause légitime de suspension
de l'exploitation.

Les requérants exposent que, en effet, ils faisaient partie d'une société formée en 1847 pour
entreprendre, sur une grande échelle, des exploitations très-sérieuses en Algérie. Cette société
était composée de quarante concessionnaires ou
demandeurs en concession. Un premier verse-
ment des actionnaires avait produit une somme
de 500,000 francs sur laquelle 278,000 francs
ont été dépensés pendant les trois années qui
ont précédé la Révolution de 1848, pour les étu-
des, recherches et explorations ; pour l'extraction
de 946,000 kilogrammes de minerais dans les
trois concessions des requérants ; pour le transport de ce minerai en France, où il a été soumis
à des expériences et à des transformations mul-
tiples ; enfin, pour l'achat de matériel, maté-
riaux, mobiliers, etc., en vue de l'exploitation.
Ces faits prouvent, contrairement à l'assertion
des ingénieurs, que les concessionnaires avaient
réellement commencé leur exploitation ; et si les

travaux ont été suspendus ultérieurement, ne
peuvent-ils pas invoquer, comme cause légitime
et suffisante de non-exploitation, l'absence de
toute espèce de débouchés pour leurs produits
en Algérie, la perturbation générale apportée
dans les affaires industrielles par la Révolution
de févr:er, et les oppositions formées par les
propriétaires du sol à l'exploitation des mines
sur leur terrain, oppositions qui ont été sanc-
tionnées par un arrêt de la Cour d'appel d'Alger
du 26 juillet 1848, rendu contre le sieur Péron
au profit du sieur Ripert? Lorsque le ministre a
prononcé la déchéance des concessionnaires, il
ignorait la plupart de ces faits ; ses décisions
sont donc entachées d'erreur et doivent être
annulées par le conseil d'État.

   Le ministre de la guerre, auquel le pourvoi a
été communiqué, ne pense pas que les faits et
les circonstances rappelés par les requérants
puissent être admis comme une cause légitime
de la suspension de leurs travaux. Il fait obser-
ver particulièrement, en ce qui concerne les oppositions des propriétaires du sol, qu'une décision ministérielle du 4 novembre 1847 les avait
condamnées, et il s'étonne que le sieur Péron ne
l'ait point invoquée pour repousser l'opposition

du sieur Ripert. On peut s'étonner aussi, ajoute-t-il, de ce que, lors des mises en demeure prononcées par les arrêtés des 1er avril 1848 et 10 novembre de la même année, les concessionnaires n'aient pas fait valoir les empêchements dont ils arguent aujourd'hui.

Enfin, le ministre déclare qu'il ne saurait reconnaître la solidarité que les requérants prétendent établir entre eux, et qui aurait pour base une association effectuée ou projetée, mais, dans tous les cas, contraire à l'article 12 des ordonnances de concession, qui interdit à chaque concessionnaire de transporter, céder, vendre ou transmettre d'une manière quelconque la propriété de sa concession à une autre personne ou à une compagnie, sans l'autorisation du gouvernement.

M. le commissaire du gouvernement, en présence de cette même disposition, et considérant que les sieurs Péron, Talabot et Girard ont des intérêts distincts, estime que la demande du sieur Péron tendant à la jonction des trois pourvois, doit être rejetée. En l'accueillant, le conseil semblerait consacrer un fait illégal, c'est-à-dire cette association dont il est parlé dans les mémoires des requérants, et qui aurait été formée en violation de l'article 12 précité. Au fond, M. le commissaire du gouvernement conclut au rejet du pourvoi.

Le conseil a statué en ces termes :

Vu la requête sommaire présentée au nom du sieur Louis-Didier Péron, propriétaire, demeurant à Paris, ladite requête tendant à ce qu'il plaise annuler ledit arrêté du ministre de la guerre du 14 septembre 1849, par lequel le requérant a été déclaré déchu de la concession des mines de fer sises dans le mont Bouhamra, près de Bone, en Algérie, à lui accordée par ordonnance royale du 9 novembre 1845, sous le nom de concession de Bouhamra, et condamner le ministre de la guerre aux dépens ;

Vu le mémoire ampliatif présenté au nom du sieur Péron, ledit mémoire tendant aux mêmes fins que la requête ci-dessus visée, et de plus à ce que le pourvoi du sieur Péron soit joint à ceux des sieurs Girard et Talabot, enregistrés sous les numéros 22252 et 22253, et discutés dans le même mémoire ampliatif ;

Vu la loi du 21 avril 1810, art. 49, et la loi du 27 avril 1838, art. 6 et 10 ;

Sur les conclusions à fin de jonction. — Considérant que les concessions des sieurs Péron, Girard et Talabot ont été accordées nominativement à chacun d'eux par ordonnances distinctes, et qu'aux termes de l'artice 12 de chacune des ordonnances de concession, il était « interdit au con- « cessionnaire de transporter, vendre ou trans- « mettre d'une manière quelconque la propriété « de la concession à une autre personne ou à une « compagnie, sans l'autorisation du Gouverne- « ment; » que, par conséquent, si les trois concessionnaires ont été évincés pour les mêmes causes et à la même date, leurs intérêts n'en sont pas moins distincts, et qu'il n'y a pas lieu, dès lors, de joindre les pourvois.

Au fond. — Considérant qu'aux termes de l'article 14 de l'ordonnance susvisée du 9 novembre 1845 : « dans le cas prévu par l'article 49 de « la loi du 21 avril 1810, où l'exploitation serait « restreinte ou suspendue sans une cause recon- « nue légitime, le directeur de l'intérieur et des « travaux publics assignera au concessionnaire « un délai de rigueur qui ne pourra excéder « trois mois ; que, faute par le concessionnaire « de justifier dans ce délai de la reprise d'une

« exploitation régulière et des moyens de la con-
« tinuer, il en sera rendu compte conformément
« audit article 49, au ministre de la guerre, qui
« prononcera, s'il y a lieu, le retrait de la con-
« cession, en exécution de l'article 10 de la loi
« du 27 avril 1838, et suivant les formes pres-
« crites par l'article 6 de la même loi : » d'où il
suit qu'en cas où le concessionnaire qui n'a point
obéi aux mises en demeure de l'Administration,
justifie qu'une cause reconnue légitime l'a empêché de reprendre, dans le délai prescrit, l'exploitation de la mine d'une manière régulière, le retrait de la concession ne peut être prononcé ;

Considérant que si, nonobstant les mises en
demeure susvisées du 12 avril et du 10 novembre 1848, le sieur Péron n'a pas repris dans le
délai prescrit l'exploitation de la mine, il justifie
de l'existence, à cette époque, d'empêchements
qui, d'après les circonstances de l'affaire, doivent
être considérés comme une cause légitime de
suspension de l'exploitation.

Sur les dépens. — Considérant que la loi du
3 mars 1849, qui rendait applicable à la section
du contentieux du conseil d'État l'article 130 du

Code de procédure civile, relatif aux dépens, a
été abrogée par le décret du 25 janvier 1852, et
qu'aucune autre disposition de loi ou de règlement
n'autorise à prononcer des dépens à la charge
ou au profit des administrations publiques dans
les affaires portées devant le conseil d'État :

Art. 1er. La décision susvisée du ministre de
la guerre, en date du 14 septembre 1849, est
annulée.

Art. 2. Le surplus des conclusions du sieur
Péron est rejeté.

A la même date, sous le numéro 22232, décret
semblable concernant le sieur Girard (Charles),
propriétaire à Paris, et relatif à la concession de
mines de fer sises dans le mont Belelicta, près de
Bone, connue sous le nom de concession de *Ka-
résas*.

A la même date, sous le numéro 22233, décret semblable concernant le sieur Talabot (Ju-
les), négociant à Paris, et relatif à la concession

des mines de fer sises dans le mont Bellouth, au nord du lac Fetzara, province de Constantine, et connue sous le nom de concession d'*Aïn-Morka*.

(Extrait du Recueil des arrêts du conseil d'État par M. Lebon, volume 1852, page 319.)

Typographie Lahure, rue de Fleurus, 9, à Paris.

www.ingramcontent.com/pod-product-compliance
Lightning Source LLC
Chambersburg PA
CBHW071512200326
41519CB00019B/5919